シリーズ・女の幸せを求めて
生長の家『白鳩』体験手記選⑩

幸せは父母への感謝から

日本教文社編

日本教文社

目次

装幀　松下晴美

編者はしがき

この「シリーズ・女の幸せを求めて　生長の家『白鳩』体験手記選」は、生長の家にふれて、幸せを得た女性の体験を紹介する、小社刊行の『白鳩』誌の「体験手記」をテーマ別に精選編纂したものです。本書中の年齢・職業・役職等は同誌に掲載された当時のもので、手記の初出年月はそれぞれの末尾に明記してあります。

シリーズ第十巻の本書は、不幸な生い立ちや、父母への誤解から、長年にわたって親を恨みつづけたことによって、様々な問題に苦しんできた女性が、生長の家にふれて、父母への心からの感謝の気持を抱いたとき、幸福な人生がもたらされた体験を紹介します。父母への感謝の大切さを教えられる体験の数々です。

日本教文社第二編集部

母に感謝できたとき、リウマチが消え、事業にも光が

横浜市旭区　大森静子《おおもりしずこ》（55歳）

継母への不満をためこんで

私は一歳五ヵ月のときに生母を亡くし、五歳まで祖母に育てられ、その後、父の再婚によって、継母とともに暮らすことになりました。

継母は生母の姉で、こうした結婚は、生活のためにはしかたなくという、終戦直後にはよくあったことでした。次第に情が通い合うことも多いのでしょうが、農家の出身で、努力に努力を重ねてプロゴルファーになった真面目《まじめ》人間の父と、ハワイで生まれ育ったハイカラさんの母とは、なかなかうまくいかず、家庭はいつも何ともいえない冷たい空気に包まれていたものでした。互《たが》いに無関心そうな夫婦。父が大好きだった幼い私の心には、一方的に〝この人は冷たいお母さん〟という印象が刻《きざ》みこまれていったのです。

小学校高学年から中学生になる頃には、母親であれば誰しも娘にするであろう躾《しつけ》も、「本当のお母さんだったら、こんなことはいわない。もっとやさしいはず」と、心の中で反発し、陰《いん》にこもり、ひと言も口を利《き》かない日が続くようになりました。

突然、発熱とともに右肩から指先まで針で刺されるような激痛が走ったのは、継母への反抗心がピークに達しそうになっていた十五歳、高校に入ったばかりのときでした。医者の診断では関節リウマチ。これは膠原病《こうげんびょう》の一つで、関節に炎症ができ、腫《は》れて痛むことから始まって、進行すると機能障害も起こすようになる病気です。その日から毎日のように病院に通うようになりましたが、治る気配《けはい》はなく、原因不明のまま、高校、大学…と痛みをこらえる日々が続いたのです。「私がこんなに辛《つら》いのに、お母さんは無関心だ」。そんなふうに思えてきて、悲しみが憎しみに変わり、それを直接ぶつけることもなく、心の奥へ奥へと溜《た》め込んでいきました。

父の仕事関係で知り合った主人と結婚したときは、「ああ、これでお母さんと離れて暮らすことができる」と、正直ホッとしたものでした。

母に感謝できたとき、リウマチが消え、事業にも光が

知的でほがらかな大森静子さん。ご主人の会社事務所近くの林で

倒産、激痛、アルコール依存症

「必ず幸せにするから」という、五歳年下の主人と結婚したのは、昭和四十一年の一月、二十四歳のときでした。主人は、茨城県のゴルフ場のオーナーの息子。みんなから祝福されて、恋愛中から結婚当初までは夢心地。リウマチの痛みも忘れるほどでした。ところが……

新婚気分も冷《さ》めやらぬ、二ヵ月後の三月頃から、ゴルフ場経営が思わしくなくなり、ついに倒産してしまいました。残ったのは莫大《ばくだい》な借金。主人は後始末《あとしまつ》のため休む間もなく一日中駆《か》けずりまわり、恐ろしい勢《いきお》いですごむ債権者からの電話に応対するために、朝から少しずつお酒を飲むようになりました。

私の方は、朝も起きられない、めまい、震《ふる》え、そんな自律神経失調症の症状が出始め、秋に長女を出産した頃からは、再びひどいリウマチの激痛に苦しむようになっていきました。

特に、雨の日の前日などは、カミソリの刃で切り刻まれるようなのです。私の口から出るのは一日中、「痛い、痛い」という言葉ばかり。心の底にある、「幸せにするといったのに…」という主人を責める気持が態度にも現れ、家庭の中はどんどん暗くなっていきました。

三年後、長男を身籠《みご》っている頃には、家屋敷、家具、応接セット、テレビ、ステレオ、子どものオルガン類まですべて借金のかたに取られ、無一文で茨城から横浜の小さなアパートへ逃げるように越してきました。やがて主人は家族を守るためにひと旗あげるといって、インドネシアへ。羽田空港（当時）で主人の乗った飛行機が見えなくなると、私は前途《ぜんと》への不安から、ヘナヘナと力が抜けてしゃがみこんでしまうほどでした。

精神的にも肉体的にもボロボロ。そんな表現が、あの頃の私にはピッタリだったと思います。長女が小学校二年、長男が三歳のとき帰国した主人は、敗残兵そのものでした。インドネシアで道路工事の仕事をしようと、日本から借金して持っていった一億五、六千万円の機材を、結果的には騙《だま》しとられたのです。

また、向こうでは生水が飲めないため、いつしかアルコール漬《づ》けに……。帰国後の日々はまさに地獄となりました。口論《こうろん》、暴力…そのうち主人の体には幻聴《げんちょう》、幻覚《げんかく》が現れるようになり、とうとうアルコール依存症のため入院。結局、その後の十五年間で八回の入退院を繰《く》り返すようになったのです。

その頃の私には、ある社会教育団体が開催する早朝勉強会で生活倫理を学ぶことだけが、唯一《ゆいいつ》の心の支えでした。しかし、〝主人に治ってほしい〟と思ってばかりいながら、何を勉強してもちっとも自分の身にはなっていなかったと、今にして思います。ただ、その勉強会が、生長の家との出合いのきっかけをつくってくれたのです。

なんと申し訳ない娘だったか…

勉強会でご一緒させていただいている方から、「今度、原宿で素敵《すてき》な先生のお話があるんですよ」と教えていただいたのが、平成五年三月。それから私の運命がガラリと変わり始めました。

その頃の私は、相変わらずいくつかの悩みを抱えておりました。やっとお酒をやめることができた主人が、心機一転《しんきいってん》して起こした産業廃棄物を処理する会社が、バブル崩壊《ほうかい》のあおりで打撃を受けているという不安。リウマチの方は、雑巾《ぞうきん》がしぼれなくなるほど悪化していました。私には何かが足りない。その何かを見つけたい！　私はすんなりと、原宿にある生長の家本部*に主人と二人で出かけていったのです。

本部の会場の入口に一歩入ったとき…。あの、ふるさとに戻《もど》ってきたような、なつかしい、温かい感覚は今でもはっきり覚《おぼ》えています。最初に出会った橋田怜子講師に、「神さまの世界では、すべて、よくなるしかないんですよ」と、太陽のような明るさでいわれて、その言葉がストーンと私の心に入りました。一週間後、生長の家神奈川県教化部*で、教化部長の安東巖《いわお》先生の〝生命〟についてのお話に、強烈な感動を受けたのです。

四月、初めて神奈川県教化部での菩薩練成会《れんせいかい》（合宿形式で生長の家の教えを学び実践する会）に出席、以来、私は毎月、練成会に参加するようになりました。安東先生を囲んでの座談会で、「本当に、病というものはないのでしょうか」とお尋《たず》ねしたことがあります。安東先生に、「ええ、本当にないんですよ！　人間は神の子で、実相は完全円満ですから」と、すばらしい笑顔と迫力あるお言葉で答えていただいたときには、心底、嬉《うれ》しくなりました。「幸福のためには親への感謝が大切」というお話がはっきり実感できたのは、「浄心行《じょうしんぎょう》」（過去の諸々《もろもろ》の悪感情を紙に書き出し、生長の家のお経を読む中で焼却《しょうきゃく》する行）のときでした。聖経《せいきょう》（生長の家のお経）『甘露《かんろ》の法雨《ほうう》』の中の一節を読みハッとしたのです。

『怺《こら》えたり我慢しているのでは心の奥底で和解していぬ。感謝し合ったとき本当の和解が成立する』

これはまさに私自身のことでした。私は、親に対しても主人に対しても、不満の気持を、心の奥底に溜め込んできたのです。亡くなった継母に対しては、露《あらわ》にするのをタブーとしてきた嫌悪、憎しみ、恨《うら》みの心…私はすべて、白い紙に書きました。書いていると、自分が溜め込んだもののものすごさがはっきりわかりました。継母がうちにきたのは、生母が早く亡くなったせいだ。早く亡くなったのは、プロゴルファーという華やかな世界にいた父が、生母に心労をかけたからではないか。ひどい生い立ちからやっと抜け出せたと思ったら、倒産、借金、アルコール依存症の夫という地獄の結婚生活。どうしてこんなことに?――私は自分の運命を呪《のろ》っていたのです。

さんざん書いたこれらの紙を聖経を誦《あ》げながら燃やし、その後、両親への感謝の言葉を唱《とな》えます。何回目かの浄心行のときに、紙に書き出した「よどんだ暗い気持」が、紙が燃えるたび、確かに自分の中から消えていくのを感じたのです。

そしてあるとき、「お母さん、ありがとうございます」というと、継母の笑顔が頭の中にパーッと大きく浮かんできました。「静ちゃん、静ちゃん」とほがらかに呼んでくれていた継母。それなのに私は、継母が亡くなるまで、一度として親しみをこめて「お母さん」と呼んだことがなかったのです。何をいわれてもプイッと背を向け、成人してからも貝のように心を閉《と》ざした娘。最期はまるで「もう迷惑はかけないから安心してね」とでもいうように、おむつを用意し始めたとたん、ある朝眠るように逝《い》った継母…。「お母さん、ごめんなさい、ごめんなさい…」。何と申し訳ない娘だったことか。懺悔《ざんげ》の涙が止まりませんでした。そして、おおらかな継母の愛に、心の底から感謝できたのです。

リウマチが消えた

生長の家の練成会に行くようになってからの私は、主人の仕事を手伝う合間《あいま》でも自然に、「お父さん、ありがとうございます。お母さん、ありがとうございます」と繰り返し唱えられるようになりました。すると、本当に不思議なことに、また、倒産するのではないかというような不安が、スーッとなくなっていくのです。それどころか、主人と私のご先祖さまたちに、しっかり守られているという安心感さえ湧《わ》いてくるのです。

いつ頃からか、私の口から「痛い、痛い」と日常出ていた言葉がなくなっていきました。そして、翌月のある日、なんと、雨が降っていることに気づいたのです。降ってから気づくなんてことは、ただの一度もありませんでした。なぜなら、前日の激痛によって、翌日雨が降るということはわかったからです。主人から「天気予報より正確だね」といわれるほどに…。私はまるで不思議なものを見るように、茫然《ぼうぜん》と雨を見つめました。

三十数年来のリウマチが消えてしまった！　嬉し涙、感謝の涙が流れ落ちました。

仕事の方も、それまでは産業廃棄物の収集運搬業でしたが、まもなく市から積替《つみか》え・保管許可を得、さらに、相当むずかしいといわれる中間処理業の許可申請を出すところまで、急ピッチに飛躍していきました。そもそも、アルコール依存症だった主人が、同じ苦しみを経験した人たちの社会復帰のために、と始めた仕事です。私は主人にも手を合わさずにはいられませんでした。

すべてに感謝したときに、病は消え、そして運命は好転していく…生長の家と出合って、こんなにも早くにすばらしい体験をさせていただきました。今はまるで、恋愛時代の夢心地に戻ったように、主人のそばで働くことができる毎日を楽しんでいる真っ最中です。

（平成七年九月号　撮影／田中誠一）

＊生長の家本部＝生長の家の布教、伝道の中央拠点。巻末の「生長の家練成会案内」を参照。
＊教化部＝生長の家の地方における布教、伝道の拠点。巻末の「生長の家教化部一覧」を参照。

父に感謝したとき、夫を許めるようになりました

横浜市戸塚区　三沢房美《みさわふさみ》（40歳）

女は強くなければ

夫婦といっても、結局は〝赤の他人〟――私がこう考えていたのは、両親を見て育ったからです。父は警察官。幼いころの私にとっては、立派で誇らしい父でした。しかし、小学校の五年生ころになると、私は父の女性関係を知って悩み始めるようになりました。父は、母に「心を入れ替えるから…」と詫《わ》びますが、しばらくするとまた別の人との女性関係が発覚します。そんなことの繰《く》り返しでした。

私は、父が好きでしたから、親戚から「おまえのお父さんは、どうしようもない人だ」「アレは病気だから、治らないよ」などと言われても、最初のうちは信じられませんでした。しかし、やがてそれが本当だとわかると、なおさら父に裏切られたような、腹立

たしい気持になったのでした。

私の母は、父をとても大事にする人でした。出勤するときも、靴下をはかせ、ネクタイを結んであげて、靴を揃《そろ》えて、送り出す母。こうして一見、仲の良さそうな両親を見ていて、私は「この世の中に本当に仲の良い夫婦っているんだろうか。みんな騙《だま》し合って生きているんじゃないのだろうか」と考えるようになりました。そして、「母が弱いからダメなんだ。女が弱いから男がのさばるんだ」と思うようになりました。そんな私に、「おまえは結婚するんじゃないよ。夫や子供の犠牲にならなくとも、今は、女が一人でも生きて行ける時代なんだからね」と、母は口癖のように言うのでした。

ところが、母の意向とはうらはらに、昭和四十八年の十月、私は今の主人と結婚することになりました。当時、主人は二十五歳、私が二十三歳。横浜市が、若者を対象に募集した「研修旅行」に一緒に行ったのがきっかけで、三年の婚約期間を経て結ばれたのです。

私の一人相撲

新婚当初、私は神奈川県警の婦人警官をしていました。中小企業に勤めていた主人よりも、たくさんの給与をいただいていたためでしょう、いつのまにか主人を見下《みくだ》すようになっていったのです。

その頃の私は「お金や地位がなければ幸せになれない」という価値観をもっていました。主人は、お酒も煙草ものまない真面目な人。仕事が終われば一直線に帰宅するのですが、それを有難いと思うどころか、逆に「なんでこんなに早く帰ってきたの」と、鋭い目でにらみつけたりします。主人にとってみれば、「俺は女房からこんなにまで言われなければならないのか」と、情けない思いをしていたことでしょう。私は私で、毎日のように、働きが悪いの、お給料が少ないのと罵《ののし》ります。それに「男なんて外では何をしているかわからない」と思っていましたから、うまくいくはずはありませんでした。

結婚二年目に長女、三年目に次女を授かり、私は仕事をやめて専業主婦となりましたが、時がたつにつれて夫婦の間の溝《みぞ》は、深まってゆきました。

父に感謝したとき、夫を拝めるようになりました

「生長の家にふれて、私の家庭にはじめて明るい光が射し込んできたような気がします」と三沢房美さん。ご主人の勝則さんと

「別れましょう」

「俺には、そんな気はないよ」

私たち夫婦は、いつしか、こんな会話を交《か》わすようになっていました。

今から思えば、私は決して主人を愛していないわけではありませんでした。いいえ、むしろその反対だったのです。「もしも主人が浮気でもしたら、どうしよう」——こんな取り越し苦労をしていくうちに、なかばノイローゼのような状態になってしまっていたのです。父の浮気で苦しんだ母の姿を将来の自分に重ねては、「今のうちに別れたほうがいい」と思いつめていきました。

私は自分の判をついた〝離婚届〟を主人につきつけます。が、主人はムッとした表情で相手にしてくれません。私がさらに突っかかると、主人は手を上げます。そこで私は、「暴力を振るったら離婚してもいい」という誓書まで主人からとりました。

「今度あなたが暴力を振るったら、あなたの印鑑がなくたって、家庭裁判所に訴えて、別れますから……」

こう言いますと、主人は〝離婚届不受理申請書〟を役所に提出し、「どんな理由があ

って も六ヵ月間は別れられないぞ」と言い返します。主人はいつも「俺は子どもが好きだし、君と別れるつもりはまったくない」の一点張り。離婚騒動は、私の〝一人相撲〟だったのです。

夫は針で、妻は糸

昭和五十八年、私の両親はとうとう別居することになり、話合いの末に、母は弟夫婦と、父は私たちと一緒に住むことになりました。これを機に、手狭だった賃貸住宅からアパートを購入して移住しました。環境が変わったためでしょうか、この頃の私たちは、どうにかこうにか持ちこたえているような状態でした。

こうして、引っ越してひと月ほどたった、ある日のことです。一冊の『白鳩』誌が、ポストの中に入っていました。

何気なく手にとって中を読んだ途端に、私はびっくり仰天してしまったのです。

私は、以前に、キリスト教の教会に通っていたことがありました。そこで聞いた話は、「この世は神と悪魔、すなわち善と悪とが混交している」というものでした。〝悪魔〟と言う言葉を聞いたとき、とっさに父の顔を思い浮かべました。この世に「神と悪魔」が存在するのなら、人間にも「善良な面と悪い面」があるに違いありません。一見、良い人のように見えても心の奥底には「悪魔」が住んでいるのだ、と、絶望に近い気持を味わっていたのです。

しかし、『白鳩』誌を読んでいくと、「神は愛であり、この世は善一元の世界である」「人間は神の子で、本来悪い人間は一人もいない」と書かれています。私は、これを読みながら、「悪魔なんて本当はいなかったのだ」と思うと、泣けて泣けて仕方ありませんでした。そして、「この教えを学べば、父も私もきっと救われるに違いない」と思ったのです。

主人を誘って、生長の家のお話を聞きに行ったのは、それからまもなくのことでした。このときの話は「生長の家では〝夫が針で妻は糸〟と教えています。妻が夫のあとに素直に〝ハイ〟とつきしたがうことによって、調和した家庭が築けるのです」という内容のものでした。こんな話を聞いて、私は思わず「しまった！」と思い、主人の顔を見ましたら、ニコニコと嬉《うれ》しそうな微笑《ほほえ》みを浮かべて聞いていました。

やがて主人が練成会《れんせいかい》を受講し、私もそのあと受講することになりました。練成会では、何よりも両親に感謝することの大切さが説かれました。

「お父さん、ありがとうございます」——何度も何度もこう唱《とな》えるうちに、父への感謝の思いがしみじみと湧《わ》いて来ました。「浮気をするような姿は、本当の父の姿ではなかった。私の父は、本当は立派な父であり、それを信じきれなかった私が悪かったのだ」

私は、心から父を赦《ゆる》そうと思いました。そう思ったとき、主人に対してはじめて「ああ申し訳なかった…」という懺悔《ざんげ》の気持が湧いてきたのです。「結婚以来、妻として尽すどころか、気にくわないことがあると、すぐに実家の母のもとに帰っていた私。そんな私の我がままを咎《とが》めもせずに、二人の子どもの手をひいて、あなたは何度も迎えに来て下さいました」。やさしく愛深い主人の顔を思い浮かべて、「私が間違っておりました。すみません、すみません」と、心の中で繰り返すのでした。

家庭に光が

「あなたは最近、家の手伝いをするようになりました。お父さんお母さんは本当に嬉しいです。ありがとう」

夕食前に、賞状を読み上げて、主人は子どもたちに手渡します。賞状を手にした二人の子どもは、嬉しそうな表情をしています。私は主人の横で拍手を送りながら、思わずハラハラと涙をこぼしてしまいました。

『家の手伝いをするようになったで賞』『本が上手に読めるようになったで賞』――今まで、喧嘩《けんか》ばかりしてきたことへのお詫びをこめて、私たち夫婦は、こんな賞状をつくり、月に一回子どもを讃嘆《さんたん》することにしたのです。

生長の家にふれて、私の家庭にはじめて明るい光が射《さ》し込んできたような気がします。両親にも、生長の家の真理を話しつづけたところ、二年前に、再びヨリを戻して同居することになりました。老いた両親は、階段を登るのにも手に手をとりあって、まるで〝新婚生活のやり直し〟のような楽しい日々を送っているようです。――幸せは、お金や地位では得られません。本当の幸せは今ここに、主人と共に生きてゆけることにあると、心からそう思うこの頃です。

（平成二年十一月号　撮影／紀　善久）

三人の父に感謝できたとき、喜びの人生がひらけました

愛媛県大洲市　窪《くぼ》　幸子《ゆきこ》（62歳）

お父さん、どうして死んだの？

私は実の父の顔を知りません。私の父はかなりの田畑を持つ大百姓であった母の家に婿養子として入ったのですが、私と弟が生まれてまもなく海軍の軍人として出征《しゅっせい》しました。家には何人かの使用人もいて、父のいない淋《さび》しさを感じることもなく、私は豊かに幸せに育ちました。一度父は、当時珍しかったバナナをいっぱいもって南方から帰ってきたことがあったそうですが、〝知らないおじさん〟と言って、私も弟もなつかず、泣いて逃げたそうです。父はどんなに淋しかったことかと、今にして思います。それが父との最後の別れになりました。

小学校一年生のとき、父は戦死しました。そして終戦……。世の中も私の家庭環境も

ガラリと変わりました。家には母、そして脳内出血の後遺症で寝たきりになった祖母、私と四歳の弟の四人が遺《のこ》されました。それからの母の苦労は、並大抵のものではありませんでした。広い田畑の農作業と寝たきりの祖母の世話、私と弟の世話が母一人の肩にかかってき、昼も夜も働き通しました。母の寝ているところを見たことがありませんでした。

昭和二十一年、母は再婚しました。母の苦労を見てきただけに、〝これで母も幸せになれる〟と思ったのも束《つか》の間《ま》、父になってくれた人は自己本位で、母に対して要求が強く、勤め先の役場から帰ってくると、横のものを縦にもしない横暴ぶりでした。そんな父に母は遠慮ばかりして、父の意に添《そ》うように意に添うようにしているのが、子ども心にも感じられました。

父は生い立ちが不幸で、愛情をかけて育てられた経験がなかったせいか、とても冷たい人で、優しさやいたわり、温かさなど一切表現したことがありませんでした。それは、継子のひがみというのではなく、その後生まれた実子の二人の妹に対しても同じでした。

再婚しても母は楽《らく》になるどころか、労働は増え、気苦労は重なりました。〝私はとも

「私にとって三人の父は、私を真理への道に導くための観世音菩薩の化身であったと、合掌を捧げています」と窪幸子さん

かく、苦労ばかりしてきた母をもっと大切にしてほしい！〃と願っていた私は、まわりの人から、「神さまのような人がお父さんになってくれてよかったね」と言われる度に、〃何が神さまのような人か、あんな冷たい人が……〃と、心の中で反発していました。

求めても得られない父親の愛情に飢《う》えて、私は毎日のように小高い山の上にある軍人墓地を見上げては、〃お父さん、どうして死んだの〃と、亡き父に淋しさをぶつけては泣いていました。

希望通りの結婚だったが…

二十一歳のとき、嫌《きら》いな父の元を逃《のが》れるように現在の主人と結婚しました。〃いくら田畑が沢山《たくさん》あり、広い家があって財産があっても幸せではない。何にもない方がどれだけ幸せかわからない。私の結婚相手はそういう人がいい〃と、母の姿を見てきて私は常々《つねづね》思っていましたので、その希望通りの相手でした。小さな三部屋限りの市営住宅に、両親と主人と主人の妹の四人で暮らしているところへ嫁いでいったのです。

主人はとてもやさしい、男らしいよい人で、結婚したときは〃こんな幸せがあろうか……〃と思いました。

財産も家も何にもないのは希望通りでしたが、両親と小姑《こじゅうと》がいるのは願っていたわけではありませんでした。嫌いな実家の父の元を離れて、せいせいしていた私を待っていたのは、実家の父に勝《まさ》るとも劣《おと》らないくらい厳しく頑固一徹《がんこいってつ》な、難しい舅《しゅうと》の存在でした。

姑は優しい人で、常に私の味方になってくれ、「あんたに苦労させとうない、難儀《なんぎ》なことがあったら息子に言うてさせて……」と言ってくれたりしました。そのお蔭《かげ》で、どうにか家の中で波風《なみかぜ》を立てずにこれました。

昭和三十四年に長男、昭和三十六年に長女、八年あまり経《た》って次女と、三人の子どもも授かりました。主人は生来子ども好きで、休日を返上して地域のスポーツ少年団で剣道の指導に当たっていました。

昭和四十六年、小学四年生だった長女が、明日から夏休みという日、自転車に乗っていて崖から転落し、胸部打撲、内臓破裂の重傷を負いました。長女はそれから三年間も、闘病生活をすることになったのです。

入院し治療を受けても一向によくならず、むしろだんだん悪くなっていきました。医師から、「手を尽くしましたがもうダメです、諦《あきら》めて下さい」と三度目の宣告を受け、主人に報告するため私が松山の病院から家に帰ってきた、その夜のことです。

見知らぬ訪問者

一面識もない男の人が裏口から入ってきて、「松山に生長の家の練成会というのがあるが、ぜひ行ってみませんか」と私に勧《すす》めるのです。その人も練成会とかに参加して重症のガンが癒《いや》されたというのです。娘が医者に見放され諦めるよう宣告された折も折だったので、その言葉を容《い》れ、藁《わら》にもすがる思いで、愛媛県教化部でひらかれていた練成会に参加しました。昭和四十九年一月のことでした。

練成会は夕方から始まり、一講話を聴いただけで、その日の行事は終わりました。心の中は、病院で死にかけている娘のことで一杯でした。初めて聴くお話をどれだけ理解していたかわからないのですが、「人間神の子・本来完全円満、病気はない。あるように見えていてもそれは影のようなものであって、過去の業《ごう》が消えていくすがたである。よくなるしかない」といったお話だったように思います。

翌日、家に電話をかけて娘の様子を訊《き》きますと、主人から「よくなっているよ」との返事が返ってきました。主人のその言葉を半信半疑で聞きながら、〝不思議なことがあるものだ〟と思い、一日だけで帰るつもりだったのが、終りまで受講することにしました。練成会から帰って病院に駆けつけてみると、本当に見違えるように快方に向かっているではありませんか。医師も「不思議だ、不思議だ」と首を傾《かし》げておられるのです。それからは、娘はめきめき元気になり、とうとう退院することができたのです。

三年間学校を休んでいる間に、同級生は中学一年生になっていましたが、小学六年生のクラスに入れてもらうことができ、その後は遅れることもなく、後遺症も全く見られず元気に成長しました。

見ず知らずの私の家にわざわざ訪ねてきて練成会参加を強く勧めて下さった、今は亡き矢野伊和雄《いわお》さんに深い感謝を捧げます。

悪いことは一つもないね

それからまもなく家族全員、生長の家聖使命会*に入会し、信徒にならせていただきました。

あれから二十五年以上も経《た》ちます。その間、周りの同信の先輩や講師に指導していただき教えを学んでいくうち、苦労の多い人生を送ってきた実家の母にもみ教えを伝えたいと願うようになりました。

三日に一度は必ず母に電話して、生長の家の誌友会《しゆうかい》（生長の家の教えを学ぶつどい）や講演会で聴いてきたお話を聞かせたり、聖典などを読んでよいと思ったところを聞かせたりしているうちに、母も生長の家の信仰をもつようになりました。

晩年には、それはやさしい穏《おだ》やかな喜びに満ちた仏様のような顔つきになって、「幸ちゃん、悪いことは一つもないね。よいことばっかりじゃね」と、七十四歳でこの世を去るまで、感謝のコトバを口にしていました。

母に生長の家を伝えることができたのは何よりの恩返しになったと、満足しています。三日に一度の電話は、母が亡くなるまでの十三年間続きました。

舅との和解

生長の家の教えにふれてからも、実家の父、舅の二人の父にどうしても感謝できないのが、私の心を常に重くしていました。

生長の家では「神に感謝しても父母《ちちはは》に感謝し得ない者は神の心にかなわぬ」と、父母への感謝の大切さを教えておられますが、私は、実母、姑には感謝できても、二人の父親をどうしても好きになれず、不調和な思いをもち続けていたのです。

同居の父（舅）は几帳面《きちようめん》な人で、外から帰ってきた時の靴の脱ぎ方、揃《そろ》え方に始まり、生活全般にわたって、口うるさく指摘するのです。何より面白くなかったのは、主人以外の四人のきょうだいの所に毎月決まってお金を送ることでした。我が家にも大学生、高校生と教育費のかかる子どもがいて、少しでも経済的援助をしてもらえばどんなに助かるか知れないのに、親の面倒をみている私たちには生活費もくれず、一切援助してくれないのです。親の世話もしていない子どもたちにせっせと送金してやる舅に腹が立ちました。そんな舅のやり方を淋しく思い、不足の思いが起こる自分の心に苦しんでいたとき、同じ地区の堀川ミツ子講師に相談しました。

私の話を黙って聞いておられた講師は、「あんたにも子どもさんがあるな。お父さんも五人子どもさんがあるのなら、五人とも同じように可愛《かわ》いんとちがうかな」と言われました。

その講師の一言で、〃そうか、私が三人のどの子も無条件に可愛いように、お父さんも、自分たちの面倒をみてくれる子もそうでない子も同じように可愛いんだ〃と気がつきました。そのとたん、なぜかスーッと心が軽くなり、それまでの舅に対する恨《うら》みがましい不満の心が消えたのです。

やさしかった姑が先に逝《ゆ》き、舅は八十八歳まで生きました。私の心は以前とは変わりましたので、老衰《ろうすい》で寝たきりになった舅に、常日頃、舅が気にかけていた主人の妹弟たちの、繁栄して幸せに暮らしている様子を、誉《ほ》め讃《たた》えながら話して聞かせました。はじめのうちは「そんなことウソじゃ」と言っていましたが、「あんたがそういうのなら本当かな」と喜んで聞くようになりました。舅は毎日、「楽しい、楽しい」とコトバに出して喜び、「こんなに楽しいなら百歳まで生きたい」と言うくらい変わりました。

嫌いだった舅と和解し、心からの世話をさせていただいて見送ることができました。

生き通しの一ついのち

実家では母亡き後、家の後《あと》を継いでいた弟が父（継父）と一緒に暮らして面倒をみていました。父はパーキンソン病という難病に罹《かか》っていました。

二年前、悪化の報《しら》せを受けて病院に駆けつけてみると、口もきけず、手足をベッドにくくりつけられ、全身をふるわせて無惨《むざん》な姿で横たわっていました。点滴や流動食の管《くだ》を抜いてしまうのを防ぐ処置だったらしいのですが、その姿があまりに哀《あわ》れで私は泣きました。父のために、聖経『甘露の法雨』を毎日、誦《あ》げ続けました。

真っ先に相談にのっていただく講師に、「戦死した父に感謝しなければ、と思うのですが、顔も知らない父にどうやったら感謝できるようになるのでしょうか？」と尋《たず》ねました。講師は、「神のお創《つく》りになった理念の世界では、戦死されたお父さんも後にこられたお父さんも、生き通しの一ついのちなのですから、いまのお父さんを喜ばせ、大切にし、感謝の思いを表わすことが、戦死されたお父さんに感謝したことになり、一番喜ばれることになるのです」と教えていただきました。

〝実の父、後にきた血の繋《つな》がらない父、と別々の父があったのではなかった。私の父は一人であった〟と気づき、〝父の喜ぶことを何でもさせてもらおう〟と心に誓《ちか》いました。

まもなく父は退院し、二年経った現在は散歩ができるほどに快復しております。〝冷たい人、自分勝手な横暴な人〟と思っていた父が、いまはやさしい父になって、跡取《あとと》りの弟の身体を気遣《きづか》い、労《いたわ》りの言葉をかけてくれるまでになりました。

三人の子どもたちもそれぞれ結婚し、孫も授かりました。私宅の近くに住んでいますので、主人と二人の、私たちの静かな暮らしににぎやかな彩《いろど》りを添えてくれます。

私にとって三人の父は、私を真理への道に導くための観世音菩薩の化身であったと、いま、懐《なつ》かしく、ありがたく、合掌を捧げています。

(平成十年十一月号　撮影／田中誠一)

＊生長の家聖使命会＝生長の家の運動に賛同して、月々一定額の献資をする人の集まり。

「ありがとうございます」と繰り返し唱え、父と姑に感謝できるようになった

群馬県前橋市　横堀康美《よこぼりやすみ》（49歳）

私の実家は三重県伊賀の農村で、よろず屋を営んでいました。電気・水道工事をしたり、ガソリンから履き物、衣類、菓子…と何でも揃っていて、いつも活気がありました。盆には町から人が帰ってくるので、特に忙しく、近所のおばあさんから、私と兄とを生長の家の練成会に誘う話があったときには、子供を預けられて、良い子にもなるしと、親は参加させてくれました。

私は三人きょうだいの真ん中で、跡取りで勉強も運動もよくできる兄と、末っ子でことのほか可愛《かわい》がられていた妹に挟《はさ》まれていました。勉強も運動も普通の私は、ふたりに比べると、可愛がられていないと思っていました。寂しくて、中学生の時に思い切って、

母親に「お父ちゃん、私のこと嫌いなんかな」とぶつけてみましたが、「しょうがないよ、真ん中っ子はみんなそうやから」と言われて、私は救いようのない思いでした。良い点をとっても、立派に振る舞っても認めてもらえない――理不尽に悲しくて「親と思わなければ楽になる」と割り切ろうとしました。けれど、父親が他のきょうだいと打ち解けている様子を見るたびに、父親を憎むようになっていました。といっても表だって反抗はしない子でした。

父母への感謝

平成五年、四十一歳の私は、子供好きで優しい主人・進一《しんいち》と五人の子供たちと暮らしていました。気がかりと言えば、三男が二度頭の病気をしたこと、小学生の三男と四男のケンカが絶えないことでした。子育てで少々疲れ気味でした。

なにしろ、三男は仮死状態で生まれてきたのです。両目がぐわっと奥に入っていて、ぽっかりと口をあけ、哀れさに胸が締め付けられました。何度検査しても病名は分かりません。主人は、「母親に一回も抱っこされないままではいけない」と、家に連れて帰

「人を憎むことに疲れていた頃とは、まったく違った人になっている、そういう喜びを感じつつ毎日を過ごしています」と横堀康美さん

ることにしました。病院の玄関でふっと腕の中の赤ちゃんを見ると、別人のように落ち着いた顔をして眠っていました。病院からは「必ず吐《は》くから」と注意されましたが、その夜三男は機嫌良く我が家で過ごし、そのまま退院できました。また、この三男は小学一年生の時にも風邪から脳炎となり入院したこともありました。

その年の夏、冷蔵庫の修理を依頼したのがきっかけで、生長の家を学んでいる電気店の井坂たま江さんとのご縁をいただきました。井坂さんは九人の子供がいるのが信じられないくらい、明るく精気があふれ、ステキでした。私が親しくなりたいと思っていると、「自宅で開いている生長の家の母親教室*に来ませんか」と誘われました。

ところが母親教室に行ってみると、参加者は講師を含めて四人だけ。内心まずいところに来てしまった、と思いました。けれど、講師の方が市外からわざわざ話に来てくれていると思うと、気の毒で「止《や》めます」とも言えず、次回の母親教室にも参加しました。

その母親教室の時でした。講師の話す「神に感謝しても父母に感謝し得ない者は神の心にかなわぬ」という言葉に、私はドキッとしました。両親に感謝できない私の心を見透かされたようで、ここで勉強をしようと決めたのです。

私には父親以外に、もう一人感謝できない相手がいました。主人の母でした。主人は一人っ子ということもあり、近くに住んでいる母親とは特に親密でした。それで義母は、私の都合に関係なくいきなり訪ねてきたりしました。また子供の受験でお金がかかるときにも経済的援助をしなければならない時もあり、それも私の負担になりました。これらのことは、家族なら、ごく当たり前のことで、不満に思う私の心が狭いのですが、当時の私には「もうイヤ！」という思いが募《つの》っていました。

もっとも、私は争いが嫌いで、人に何かを言われてもイヤな顔をすることができない質《たち》ですから、義母は私がそんな妙な思いを持っていたことを全く知らなかったでしょう。

そんな中で、私は母親教室で何人かの素晴らしい講師と出会い、生長の家の聖典『生《せい》命《めい》の實相《じっそう》』（生長の家創始者・谷口雅春《たにぐちまさはる》著、全四十巻、日本教文社刊）の虜《とりこ》になりました。『生命の實相』には、人生を幸福に思い通りに送る秘訣は両親への感謝であると繰り返し説かれていました。が、二十年以上も憎んできた父親や日々イヤな気持ちがつのる義母に、どうやって感謝しろというのでしょうか。

「ありがとうございます」と唱え続ける

講師は「横堀さんの心から感謝の気持ちを引っぱり出せばいいのよ。誰でも心の奥底に感謝の気持ちをもっているんだから。あるものは必ず引っぱり出せるのよ」。食事を作っているときも、皿を並べているときも、掃除機をかけているときも、何をしていても「ありがとうございます」と言葉に出すといい、と教えて下さいました。

「お父さん、ありがとうございます」「おばあちゃん、ありがとうございます」

毎日、何をしていても声に出し、声に出せない時には心で思い続けていると、次第に気持ちが軽くなり、肩まで軽く感じるようになりました。憎んでいると、心も身体も不調になるのですね。

すると、それまで「お金が足りない」と言っていた義母が「保険が満期になった」と私のところにお金を持ってやって来ました。家を買うときにも、足しにしてくれと、お金を包んで来ました。一体どうして変わってしまったのか？　ただ「ありがとうございます」と唱えていただけなのに…。私が相手に、悪く見える役をさせていただけなんだと、つくづく分かりました。

父は三重県に住んでいましたので、滅多に会えませんでしたが、夢の中に出てくる父は「お父さん」と呼んでも、私を無視して向こうに行ってしまったのが、「ありがとうございます」と唱えるようになってからは、ニコニコと優しい雰囲気でいてくれるようになりました。そして、私は兄と父との不仲の中に入り、和解してもらったりすることもできるほど信頼されるようになりました。

自分がどう思うかで周囲の人間が変わってしまう。なんと自分は思い違いをしていたことか！　そして三男の病気も、親を憎む私の心のあらわれだったと反省しました。

生長の家の教えを主人にも伝えたい、という思いで、「進《しん》ちゃん、相手が自分に対立していると感じる時は、その人の良いところを観《み》ていくといいのよ」「相手の姿は自分の心の鏡よ」…、つい偉そうに言い過ぎてしまったようです。もともと、うちはよく話をする夫婦で、私が生長の家の教えを学ぶことに文句を言わなかった主人でしたが、とうとう「二度と生長の家の話はしてくれるな」と釘をさされてしまいました。

主人の言葉に反省して、実行に移したのが、実際に自分で教えを行ずることでした。

「生長の家」という名前にださず、いつでも嬉しそうにして、「ありがたい、ありがたい。私ほど幸せな人はいない、これもあなたのお蔭」とニコニコ笑い続けました。さらに、台所に「私は幸せです あなたのお蔭です」と清書した紙を貼《は》って、「幸せコーナー」を作り、一日に何度かその前で「主人と結婚できて、お義母さんと五人の神の子さんがいて私は幸せ！」と気持ちを盛り上げました。

しばらくして、主人は「生長の家ではどんな話をするの？」と興味を示し、私が生長の家の集まりや本で仕入れた話をしても、素直に耳を貸してくれるようになりました。

主人は河川の水門を作る土木業をしており、従業員を二名雇っています。今では、生長の家の調和の教えを職場で活かし、私以上に熱心に学んでいます。新しい家で一緒に暮らすようになった義母も、『生命の實相』を読み、毎朝夕、仏壇の前で聖経をあげて下さり、生長の家講習会*には一緒に参加します。家事を手伝ってくれたり、気遣ってくれたり有り難いことです。

母親教室で救われた人たち

幸せになった私は、沢山《たくさん》の人に教えを知ってもらいたいと、自宅で母親教室を開き、以来八年たちました。教室には色々な悩みを持ったお母さんが参加されます。解決しない悩みはありません。自分の身に照らして気づきがあったり、お互いアドバイスをしあったりして、みんなが幸せになっていくのです。

たとえば、ご主人の浮気・別居で離婚も覚悟していたAさん。「ご主人の善《よ》いところを観《み》ましょう」という講師の指導に、必死でついていこうとする彼女も、時には「主人の顔を見るのもイヤ」「長いトンネルを掘っているようだ」と弱音を吐くこともありました。どんな時も物事の明るい面を見るように励まし続けました。三年が過ぎたときにAさんは「主人を責めていたが、私にも悪い点があった」と反省し、「相手はどうであっても、自分が変わればいいんだ」とご主人に懺悔《ざんげ》の電話をしました。ご主人もAさんの言葉を待っていたかのように、「悪かった」と謝り、今は前にも増して仲睦まじくされています。

成人している息子さんが引きこもりのようになり、悩んでいたBさんは、「子供は、神様からお預かりしている神の子さん、その存在が有り難いんですよ、拝みましょう」と指導を受けるうちにある日、「子供が働き出したの。無遅刻無欠勤で、今月は三十万円以上もらってきた。家にはお金を入れてくれるし、妹にもお小遣いをくれて、本当は優しいよい子だったのね」と話され、教室中が拍手に包まれました。

子供さんが、字は書けるけど文章が書けず、知恵遅れと小学校で言われたCさん。講師は「親が子供をダメな子と観るか、無限力をもつ神の子と観るかで、子供は全く変わってしまう」と話しました。感動の面《おも》もちで聞いていたCさんは「家に帰ったら、子供が私に手紙を書いていたの。今日はこんなことがあった、明日は○○をするってノート一杯に…」。その電話は涙声でした。彼は、その後、工業高校に入学し、自転車クラブで大活躍し、全国大会にまで出たそうです。

Dさんには「私が、私が…」と我《が》を張ってしまう癖があったそうです。母親教室で「蛾《が》にならずに蝶《ちょう》になりましょう」と聞いてからは、「私が」と思いそうになると「拝む形の蝶になろう」と思い直すそうです。

そんな風に、皆さん明るくなり、またとってもステキな女性になっていくのを見るのはうれしいことです。私も、人を憎むことに疲れていたあの頃とは、まったく違った人になっている、そういう喜びを感じつつ毎日を過ごしています。

（平成十四年五月号　撮影／堀　隆弘）

＊母親教室＝生長の家の女性のための組織である生長の家白鳩会が主催する母親のための勉強会。お問い合わせは、最寄りの生長の家教化部まで。巻末の「生長の家教化部一覧」を参照。

＊生長の家講習会＝生長の家総裁、副総裁が直接指導する生長の家の講習会。現在は、谷口雅宣生長の家副総裁、谷口純子生長の家白鳩会副総裁が直接指導に当たっている。

父に感謝できたとき、心の中のしこりが消えて、光の道を歩む日々に

京都市右京区　井上博子《いのうえひろこ》（42歳）

両親の離婚で宗教ぎらいに

三年前まで私は、今からはとても想像ができないほど病弱で、たびたび寝込んではは夫や娘に迷惑をかけてしまう、そんな妻であり母でした。昔の私を知る人と久しぶりに会うと、みな一様にびっくりします。そして、何だか若くなったみたいともいわれます。私はいつも、肩や腰の痛みをこらえる表情をして、うつむき加減に歩いていたそうですから。誰にもいえない、生い立ちのコンプレックスを常に心の隅《すみ》に抱《かか》えながら…。

私は昭和三十年に、六人きょうだいの長女として山口県の自然豊かな地に生まれました。父は山や畑を持つ大きな地主の跡取り息子。しかし、いつからか、ある宗教にこり

はじめ、人を救うために伝道に出向く毎日になりました。朝、夕、家族みんなでお経を誦《あ》げ、幼児の私はお経によって自然にひらがなを覚えました。その頃の私は、とてもお経が好きでした。それなのに…。

父と母が離婚したのは、私が中学一年生のとき。山口県の父の生家がつぶれ、母の実家がある広島に一家で越してきた直後のことでした。きっとさまざまな原因があったことでしょう。しかし私には、すべての原因が、〝宗教〟にあるように思えたのです。家族を顧《かえり》みず宗教ばかりやっていたから、先祖代々続いてきた家もつぶれたし、家庭も壊《こわ》れたんだ。お母さんがかわいそうだ——と、厳しい目で父を見つめていました。

私の宗教ぎらいはこのときから始まりました。結婚したら添い遂《と》げるのがあたりまえの時代でしたから、両親の離婚は以後、私のコンプレックスとなり、親友にさえそのことを話せませんでした。

十八歳で、京都の知人宅にお世話になりながら、私はお茶、お花、裁縫、料理などを学ぶようになりました。そして二十歳のとき、裁縫の先生だった小西ふみさんから『白鳩』という生長の家の月刊誌をいただいたのです。「宗教の本だ」と思ったとたん、心の奥で拒絶反応が起こりましたが、ただ黙っていただきました。二十六歳のとき、三歳年上の主人と見合い結婚をし、裁縫教室をやめてからも、小西さんはずっと『白鳩』誌を私のもとへ送ってくださいました。今思えば、本当に有難い小西さんの愛だったのです。

私や家族を襲《おそ》った病

主人は大きな会社の技術の仕事をしておりましたので、出張や残業の多いハードな生活でした。私は私で、結婚して五年後に妊娠、娘を出産してから、それまでもあったひどい肩こりに、腰痛、めまいや頭痛、吐《は》き気まで重なるようになりました。椎間板《ついかんばん》ヘルニアと診断されてからは、疲れ切って帰ってくる主人の夕食の用意さえできずに横になっていたことも。赤ん坊だった娘は、ご近所の方達に大変お世話になりました。

鍼《はり》や灸の治療院へ通いましたが治らず、娘もしょっちゅう熱を出し、幼稚園に通うようになってからもよく欠席しました。自分の辛《つら》いときに、仕事、仕事で忙しい主人にいら立ち、ケンカになったこともありました。

父に感謝できたとき、心の中のしこりが消えて、光の道を歩む日々に

「私はいま、神さまの敷いてくれたレールにポンと飛び乗ったような気がします」と井上博子さん

平成五年に入ってから主人の体調が悪くなり、長年勤めていた会社を辞《や》めて、小さな会社に転職することになりました。しかし、しばらくすると、健康診断でひっかかり、検査入院。「解離性大動脈瘤《かいりせいだいどうみやくりゆう》」と病名をつけられたのです。これは、心臓から出ている一番太い血管が縦に裂《さ》けてしまうというものでした。

「手術中に下半身不随になるかもしれません」と医師からいわれ、私は、「どうなってもいい。生きていてさえくれれば！」と、祈るような気持でした。平成五年十一月、大動脈の一部を人工血管に替える手術が行われました。六十数針も縫うほどの大手術でしたが、主人の回復力は著《いちじる》しく、三ヵ月ほどの入院予定だったのに、一ヵ月足らずで退院することができました。

主人の入院中、毎日私は病院に通いました。小西先生から送っていただいていた『白鳩』を読んでいたように思います。ほんの少しずつでも、生長の家の「人間・神の子、実相は完全円満」の教えは私の潜在意識の中に入っていたようです。主人を大切に思う気持が自然に強くなっていきました。

そんな主人から、「母を引き取りたい」といわれたのは、退院してから五ヵ月たった平成六年五月のこと。姑《しゅうとめ》はずっと一人暮らしをしておりましたが、心の不安からうつ病状態になり入院し、入院によって状態は目に見えて悪くなっていきました。自分も妻も病気がちなのに、母親のことをいい出すのは、かなり考え迷った末のことでしょう。主人のそんな気持がわかったので、主人にただ喜んでもらいたいと思って私は即座に、「ハイ」と返事をしていたのです。

救いを求めて

主人は次男でしたので長男の許しを得て、姑を引き取り、姑中心の新しい生活が始まりました。一緒に風呂に入り髪や体を洗い、娘と同じように、姑に接しました。三ヵ月過ぎた頃には姑はもう、一人で身の回りのことができるほどに回復していました。

元公家《くげ》の出で、長女できびしく育てられた姑はプライドも高く、それまで誰にも甘えられなかったそうです。「でも、博子さんには甘えられる」といってくれたときの嬉しかったこと。ところが姑はこんなことをいったのです。

「以前、ある占《うらな》い師さんのところへ行ったら、体の弱い次男夫婦のところに行って、あなたが迷惑をかけてはいけない、といわれていた」

それなら私も別の占い師さんに、「そんなことはない。大丈夫」といってもらおうと、京都で有名な神社の、ある宮司《ぐうじ》さんのもとを訪れました。そして、いわれたのは、

「孝行したい気持はわかりますが、あなたのご主人、実は、今生きているのが不思議なくらいなんですよ。あと、三年命が保《も》つかどうかわからない。それまでは、あなたはご主人を、ひび割れたお茶碗を真綿の上にのせて扱うがごとく大切になさい」

大変なショックを受けた私は、そんなバカな、と吹き飛ばす余裕《よゆう》などありませんでした。家に戻るとすぐ私は、ご近所の、生長の家の母親教室のリーダーを以前していた玉山美恵子さんのお宅にかけこみました。そこの母親教室には、三年ほど前に一度だけ参加したことがあったのです。

あれほど宗教ぎらいだった私が、無我夢中《むがむちゅう》で生長の家に救いを求めていたのです。

紹介していただいた講師にすべてを話すと、突然、私の父のことを尋《たず》ねられました。なぜそんなことを聞かれるのかわからないまま、私は、初めて人に両親の離婚のことを泣きながら話しました。

「お父さんに感謝しなさい」といわれましたが、そのうち、生長の家宇治別格本山*の練成会に参加してみたら、と勧《すす》められたとき、〝ああ、この言葉をいってほしくて、私はここにきたのだわ！〟と気づきました。数日後、私は小学二年生の娘と二人で、生長の家宇治別格本山の門をくぐっていたのです。今から三年前の平成六年八月のことでした。

〝父に会いたい！〟

そこは、何ともいえない澄《す》んだ霊的な空気に満たされていました。魂のふるさとに戻ってきたような安らいだ気持になり、「あなた、何も悩みなさそうね」と言われるほどでした。

朝は五時十分から神想観《しんそうかん》（生長の家独得の座禅的瞑想法）を実修し、聖経『甘露の法雨』読誦《どくじゅ》や講話を聞くなど、さまざまな行事に参加しながら、私は心の渇きを一気に癒《いや》されるような感覚を味わっていました。人間というのは肉体ではなく、その本当の相《すがた》は霊的存在で、完全円満なものであると教えられたとき、やっと求めていた〝答え〟が見つかったと思いました。

「お父さん、ありがとうございます。お母さん、ありがとうございます」と、父母への感謝の言葉を唱《とな》える感謝誦行《しょうぎょう》のとき、フッと、〝実家の父に会いにいかなければ…〟という思いに駆《か》られたのです。〝ものすごく会いたい〟という感じではなかったのですが、そんなことを思うことさえ私にとっては奇跡に近いことでした。気がついたとき、あれほどひどかった肩こり、腰痛、腕の痛みなどがスッキリなくなってしまっていました。

浄心行《じょうしんぎょう》で、父へのこだわりを書き出したとき、今までこんな泣き方をしたことがない、というほど泣きました。一所懸命宗教をやっていた父。今の私のように、きっと父なりに救いを求めようとしていたに違いない。それを私は一方的に裁いて、憎んできた。その暗い気持が、私や、夫、娘、姑の病気の原因だったのだ！　練成会が終わったら、すぐにお父さんに会いにいこう……

練成会から家に戻るとすぐに翌日、家族三人で広島の父のもとへ向かいました。

父母は近所で暮らしていました。弟、妹たちは父の家へ顔を出すこともあったようですが、私は二十五年ぶりに再会しました。父のやっていた宗教のことをたずねると、指でバツをつくり、「求めても求めても先が見えないからやめた」とのこと。持参した生長の家の聖典を置いてこようとしましたが、父は首をふりました。聖典を弟に預け、父の家を後にしました。広島から帰宅後、私は入信しました。

「宗教はすばらしいからね」

その後の三年間、どれほど父への感謝誦行をしたかわかりません。一日千回、十日間で一万回の「ありがとうございます」を、何回繰り返したことか。尊敬している講師が父のことをとてもほめてくださるのを聞いたり、自分が今あるのが父のお蔭《かげ》であるとだんだんわかるにつれ、感謝誦行も心のこもったものになっていきました。

「父に会って、きちんとあやまりたい！」

そのような思いになったのは、今年の四月に生長の家の地方講師＊の試験を受けようと思った一ヵ月前くらいからです。試験の一週間前に主人に頼み込んで、広島まで片道七時間の道のりを車を飛ばしてもらいました。そして父と二人きりになると、自分の気持をすべて吐き出したのです。感謝の涙を流しながら、父の人生すべてを認めたのです。

父はずっとニコニコと微笑《ほほえ》んでいました。落ちついた頃、「私、毎日、こういうの読んでるの」といって『甘露の法雨』を差し出すと、父はすっと受け取り、四十分かかって黙読してくれました。その横で「お父さん、ありがとうございます」と、父への感謝誦行を続けました。

「生長の家だね。『生命の實相』読んでいるよ」

と父がいったときの驚いたこと。求めても求めても先が見えない、と宗教をやめたという父に弟が手渡したのでしょう。生長の家の聖典を読んでいたのです。

「私、講師の試験を受けて、これからお父さんと同じように伝道の道を歩んでいきたいの。私のしていることまちがってないよね」

というと、最高の笑顔で、

「宗教はすばらしいからね」

と。私には、神さまの言葉に聞こえました。

両親の離婚、病気、占い師の言葉など、いろいろなことがありましたが、私はやっと神さまの敷いたレールの上に乗せていただけたような気がしました。「神に感謝しても父母に感謝し得ない者は神の心にかなわぬ」——と、「大調和の神示」（昭和六年に神から谷口雅春先生に示された言葉）で教えられていますが、本当にその通りでした。

主人もすっかり元気になり、私も健康になりました。いま、家族揃《そろ》って、心安らかに明るい毎日を過ごしています。永年、道を求め続けていた父のひたむきな気持を思うにつけ、胸がいっぱいになる私です。三年前から、自宅で母親教室を開き、白鳩会の支部長のお役もさせていただいております。これからは、多くの人たちにみ教えをお伝えしていくのが、私の使命だと感じています。

（平成九年十一月号　撮影／中橋博文）

＊生長の家宇治別格本山＝巻末の「生長の家練成会案内」を参照。
＊地方講師＝生長の家の教えを居住地域で伝える、一定の資格を持ったボランティアの講師。

感謝の心をもったとき、喜びいっぱいの生活に

大阪府枚方市　豊田《とよだ》かほる（51歳）

母はいつも神さまと偕《とも》に

生長の家を真剣に学び実践し始めてから、まだ一年半しか経《た》っていないのですが、その期間は、どんどん自分が変わり、運命が好転していくことを実感できた貴重な日々でした。

さかのぼれば三十数年前、高校生の頃に生長の家との小さな出合いはありました。私の姉は婿養子をとり、奈良にある実家の敷地内に暮らしていましたが、その姉夫婦の家に生長の家のご本が積んであったことを覚えています。母がいつも手を合わせ〝神さまと偕《とも》にいる生活〟をする人だったので、自然に姉はみ教えに溶《と》け込めたのでしょう。

私たち姉妹の両親は、二人とも目が不自由でした。母は片目だけはかなりの弱視だっ

たものの、ほとんど盲目に近い状態でした。幼い頃、母親（私の祖母）に塗《ぬ》られたおできの薬が目に入ったことが原因であろうとのこと。祖母もさぞ辛《つら》かったことと思います。旧家だった家は逼塞《ひっそく》状態になり、母親とは早くに死に別れ、父親は大阪へ出稼《でかせ》ぎに。兄（私の叔父）は、母の目を治す手術代を稼《かせ》ぐために東京へ。しかし蓄えた手術代も事情があって他の人に使われてしまったのでした。兄は、何とか妹の手に職をつけさせようと、奈良で一番の指圧・鍼灸師《しんきゅうし》のもとへ年季《ねんき》奉公に出しました。母は鍼灸師夫婦に大変かわいがられ、二十歳で五年の年季奉公を終え、奈良にいた姉のもとでしばらく暮らし、二十三歳のとき私の父と見合い結婚をしたのでした。

しかし十年過ぎても子どもに恵まれず、奈良市内の、あるお大師さまに相談したところ、「子どもは必ず授けられます。その代わり、目はあきらめなさい。でも大丈夫。あなたにいつでも神さまが降りて、生活には困らないようにしてあげるから」と言っていただいたそうです。その言葉通りに結婚後十二年して姉、その五年後に私が生まれました。

父母は四六時中懸命に働いていました。疲れていても家事の手を抜くことなく、私たち姉妹は何不自由なく育ててもらいました。「神さまがいつも手伝ってくださるから、何でもできる」が母の口グセ。とても明るい母で、目の不自由さはまったく気になりませんでした。小学校最後の運動会には時間を作って来てくれて……。あのときの嬉しさは忘れられません。

穏やかで優しい姉は、高校時代も結婚後も、常に母の目となり杖となって暮らしていました。活発で朗らかといわれた私は、姪《めい》の面倒《めんどう》をみながら自由にのびのびと生きていました。

二十歳のときに親類の紹介で、奈良市内の親戚のもとから大阪へ通勤していた五歳年上の主人と見合いし、私の理想通りの優しそうな笑顔を見て、すぐに結婚を決めたのでした。

プラスに考える余裕がなく

昭和四十三年、大阪の枚方《ひらかた》市内に小さな家を借り、夫婦二人の新生活がスタートしました。主人は産業機械関係の大手企業勤務でしたので、その分仕事は忙しく、新婚当初

「そのままの心を大切にし、教えに導かれて生きていきたい」と
豊田かほるさん

から長期出張の多い生活でした。さびしさはこの頃から募っていたのだと思います。すぐに長男に恵まれましたが、生まれつき扁桃腺《へんとうせん》肥大でよく高熱を出し、当時、夜間診療をやっている病院も少なく、苦しむ赤子を抱いて駆け回る日々。三歳違いで長女が生まれましたが、病弱な長男の方に神経質になってしまっていたのでしょうか、まさに親の心を映す鏡、長女はちょっとした物音にも目を覚ます過敏な子になっていきました。家の中で遊ぶことが多く、長男が元気なときは、私は、何時間もつきっきりで遊び相手をしました。

長女の口が達者になってくると、兄妹《きょうだい》ゲンカが増えてきました。兄妹ゲンカの経験がなかった私は、兄妹の触れ合いをプラスの方に考える余裕がありませんでした。実家の母に電話するたびに「神さんがついているから大丈夫。氏神《うじがみ》さんにお詣りしなさい」という言葉をもらうのですが、その通りにしてもなかなか心穏やかになれなかったのです。

姉はきっと、私の悩みの根本が〝兄妹ゲンカ〟ではなく、〝私自身の心〟にあることを見抜いていたのでしょう。相談するとすぐに、『生命の實相』第七巻（生活篇）を送ってきてくれたのです。大阪市内で開かれている母親教室や京都府宇治市にある生長の家宇治別格本山を教えてもらい、何度かは行ったのですが、お話の深い意味がわからないまま、時は流れていきました。

悲しみが私と主人の病気となって

昭和五十三年、念願のマイホームを借家の近くに手に入れ喜んだのも束《つか》の間《ま》、主人の転勤が決まりました。小学生の長男と長女は転校を嫌《いや》がりました。私も七年ぶりに三人目の子を身籠《みご》っていたこともあり、主人は、「単身赴任するから」と言ってくれました。それから東京、名古屋、そしてサウジアラビア、クウェート等の海外赴任も合わせて、十五年間の単身赴任生活が始まったのです。

日本にいるときは、週末だけ戻ってくるという生活。三人の子どもを抱え、私は毎週金曜の夜を待ち焦《こ》がれました。主人が戻れば嬉しいはずなのに、「また行ってしまう。ずっとそばにいてほしい……」という思いが湧いてきて、悲しく沈んでしまうのでした。一方で、兄妹ゲンカは、次男誕生をきっかけにおさまっていきました。二人で共に可愛がる対象ができて、一体感が生まれたようでした。

あれほど気になっていたことが解決したというのに、私の心は、また家計など別の悩みごとを見つけてはモヤモヤとしたままでした。

生長の家の教えに〝病は心の影〟とありますが、まさにその通り。昭和六十一年七月には、長年抱えていた虫垂炎が破裂、緊急入院することになりました。その入院中に今度は主人が肝炎の手術のため、半年間も入院することになってしまったのです。経済的なこともあり、私は小学生になったばかりの次男を学童保育に預けパートで働き、身体の疲労と精神的不安がいっぱいの毎日となりました。

パートの帰り道は必ず氏神さまに、主人の無事を祈りました。半年後、退院した主人はすぐ元気をとり戻し、再び単身赴任生活へ。私は慣れない仕事と人間関係にノイローゼぎみになり職場を辞めることにしました。そもそも主人も、母親は、子どもの小さいうちは家にいてほしいという考えでしたし、私自身もそのように育ったので、どんなに家計が苦しくても、家にいようと決めました。おやつは必ず愛情をこめた手作りを心がけました。

主人の勧めで、ある資格の勉強を始めるようにもなりました。不安やさびしさを紛らわせてやろうという主人の優しさでした。

病気の〝進行〟より〝信仰〟を

何か問題が起こったときだけ生長の家を頼る――そんな私でした。でも神さまはずっと手をさしのべてくださっていたのです。

平成五年、相変わらず主人とは離れ離れの生活でさびしい上に、中学生になった次男の髪型や髪の色が少し変わり始めました。今ならば、大人になる過渡期に起こる自己主張の一つだとわかるのに、そのときは動揺してしまい、宇治別格本山の講師に、近くに住む重村ひろ子講師を紹介していただいたのです。

こまめに母親教室に誘ってくださったり、生長の家聖使命会に入って、神さまとつながっておくことの大切さをあらためて教えていただきました。お話を聞いているときは心が安らぐのですが、すぐに現象に振り回されてしまう私。胃はしょっちゅう痛くなり、薬ばかり繰り返して飲んでいました。

平成八年、やっと主人が単身赴任を終え、大阪に戻ってくることができました。しかし一年も経たないうちに、会社の健康診断で、〝C型肝炎のため入院が必要〟と診断されたのです。平成九年九月のことでした。

主人のショックは相当なものでした。私の頭に真先に浮かんだのは〝神さまにお願いするしかない！〟ということ。それまでほとんど生長の家の話をしたことはなかったのですが、枕元で思い切って切り出したのです。

「生長の家の宇治別格本山に行ってみない？」

驚いたことに、主人は躊躇《ちゆうちよ》することなくうなずいてくれたのです。

翌日さっそく二人で宇治に行き、個人指導を受けました。相談する主人に講師は、

「豊田さん、病気の〝進行〟を考えるより、神さまに手を合わす〝信仰〟を考えてみませんか」

と明るくおっしゃってくださいました。

ちょうど練成会が行われているときでしたので、夫婦で途中から二泊三日の参加。主人の顔が穏やかになっていきました。生長の家の真理をもっと深く知ってもらいたいと思い、家に戻るやいなや、大雨の中、私は主人を重村講師のお宅に連れて行きました。

じっくりとお話していただき、谷口雅春先生御講話「甘露の法雨講義*」「生命の實相講義*」のカセットテープ等をお借りして帰りました。

その日から、主人は一日も欠かさずそのテープを聞くようになりました。出勤するときは『甘露の法雨』のお守りを持ち、車で移動するときは必ずテープをかけて。朝晩は二人で神想観《しんそうかん》をし、就寝時には「大調和の神示」をさらしに写経したものを側におき、テープを聞きながら眠る毎日。真剣になっていく主人の姿を見て、「ああ、救われた！」と確信したのでした。

私が変わるためだった！

十月、二回目の練成会に夫婦で参加しました。私の中で、主人の病をつかんでいた心は既に消えていて、このときの練成会では、両親への感謝の思いで胸がいっぱいになりました。

目が見えなかった両親は、どんなに、わが子の顔を見てみたかったことでしょうか！私が入院したとき、それを後で知った母は、心配かけまいと黙っていた私に、「私の目ま見えたなら、世話をしに行ってやれたのに。ごめんなあ」と。その母は四年前に逝《ゆ》きました。亡くなる二ヵ月前に、「これは神さんの言葉と思ってよう聞きや」と言って祈りの大切さを語りました。最後まで娘の幸せを願った遺言でした。それを思い出し、胸が熱くなりました。辛《つら》い生い立ちと障害を乗り越えて、神さまにすべておまかせして、気丈に明るく子育てをしてくれた父と母。ありがたくて、涙が止まらなくなり、今回の練成会は主人のためではなく、私のためだったと気づきました。

父母に心からの感謝ができたとき、主人に対しての申し訳なさと感謝の気持が一気に湧いてきました。十五年間の単身赴任生活で、さぞ不自由なことだったでしょう。私たち家族を護るために、愚痴《ぐち》一つこぼさず働き続けてくださったのです。かつて、主人の顔は厳しくこわそうに見えました。でも、それはそのまま私の心の写しだったのです。練成会以後、主人が優しくなっていくのを感じましたが、主人はもとから優しく、変わったのは、受け止める私の心の方だったのです。霧が晴れるように、さまざまなことがわかり始めたのでした。

主人の存在そのものが、ただありがたくもったいなくて、短期出張で目の前にいなくても、心の底から拝めるようになりました。

私は昔から、自分の悩み苦しみを日記にぶつけ、最後には自己処罰するような心の習慣がありましたが、真剣に生長の家を学び始めてからは、「人生には決してムダはない。今まで精《せい》いっぱいがんばった。自分をほめてやろう」という気持になることができました。今では生長の家の日めくり暦『ひかりの言葉』（日本教文社刊）が私の日記代わりです。

主人の心からも〝病〟の影は消え去り、話すことは、三年後に控えた定年後の楽しい計画や、生長の家のことばかり。警察官という人のお役に立つ仕事を選んだ三十歳の長男と、明るく可愛いお嫁さん、語学の勉強に一所懸命の長女、成人式を迎え体育系の学校を卒業した次男。大きな子どもたちの頭を自然になでる主人に「私もなでて！」と頭を出す私。

昨年の十月には地元白鳩会の支部長のお役もいただき、自宅で母親教室を開かせていただくようにもなりました。主人は合同誌友会*の司会を一年以上続けています。十一月には主人の母（84歳）が胆嚢《たんのう》の手術で入院しましたが、驚くほど短期間で退院できました。病院で看病中、義母が眠っている間に読んだ『無限供給の鍵』(谷口雅春編著、日本教文社刊)で、愛を与えて生きることのすばらしさを学びました。どんなこともムダはありませんでした。今、私は最高の喜びの中を生きています。主人も私も大好きな神想観をこれからも実修し、すべての人、ものに感謝して、神さまに全托し、優しく頼もしい主人についていきたいと思います。

夫婦楽しく同じ道を歩んでいきたい——ご主人・征雄《ゆきお》さん(57歳、会社員)の話

幸せになるため、生長の家に振り向くように〝病気〟になったように思えてしかたがないんです。今は健康そのもの。家内も一年前に胃の薬を全部捨ててから、胃痛がなくなりました。

宇治別格本山に突然誘われたときも、合同誌友会の司会の話も、即OKしたことが、それまでの慎重派だった自分を考えると、とても不思議なんです。今でも不思議(笑)。

私は伊勢で生まれ育ったので、〝神さん〟と言えば伊勢の内宮さん、外宮さん。また、日本人として、ご先祖さん、仏さんを大切にするのがあたりまえで、それ以外の

宗教には拒絶反応があったんですよ。だけど、生長の家の「万教帰一《ばんきょうきいつ》の神示*」の中の「吾《わ》れに神殿は不要である」という言葉に、私は強烈に感動したんですね。それからは、もう夢中になりました。会社の若い子に、「豊田さん、昔はこわかったけど、この頃すごく明るいですね」と言われます。

私たちは高度経済成長期の企業戦士最後の世代。長くさびしい思いをさせた分、これからは、夫婦楽しく同じ道を歩んでいきたいと思います。

（平成十一年四月号　撮影／田中誠一）

＊「甘露の法雨講義」＝カセットテープ版（全八巻）とCD版（全七枚）がある。世界聖典普及協会発行。

＊「生命の實相講義」＝カセットテープ版（全五集）がある。世界聖典普及協会発行。

＊合同誌友会＝生長の家の男性のための組織である相愛会と、生長の家の女性のための組織である白鳩会が合同で開く誌友会。

＊「万教帰一の神示」＝昭和六年に神から谷口雅春先生に示された言葉。「万教帰一」とは、すべての正しい宗教が説く真理の神髄は一つに帰するということ。

母への恨み心が感謝に変わったとき、健康になりました

愛知県音羽町　足達和子《あだちかずこ》（52歳）

結婚直後に発病

昭和四十六年十月、静岡県浜北市で理髪店を経営する姉の家で修業していた私は、姉たちの世話で同業の主人と結婚しました。主人は現在住んでいる愛知県音羽町に、借家でしたが店を持っていました。二人で仕事をしてお客を増やしていけば、自分たちの家を建て店をオープンさせるのも夢ではないと、希望に燃えて新生活をスタートさせました。

ところが結婚早々から私の体調がすぐれず、三十七度前後の微熱が続き、店を手伝うどころか床についてばかりの生活になりました。心配した主人は、病院で診察を受けるよう勧《すす》めてくれました。思えば、結婚前から疲れやすく、そうした兆候《ちょうこう》はあったのです。

病院での診断の結果は腎炎ということでした。尿に赤血球が下りて、そのせいで身体が異常にだるくなるのです。どこも悪くなく頑丈《がんじょう》そうに見えたので、傍目《はため》には怠《なま》けているように思えたかも知れません。二十五歳の病気持ちの若妻を持った主人は、本当に気の毒だったと思います。医師からは「大事にすれば長く保《も》つ」と言われましたが、〝二人で仕事をして店を大きくしよう〟という私たちの夢は、最初からつまずいてしまいました。

ある時、主人が散髪の出張で小早川さんという家に行くと、「結婚生活はどうだ」という話になり、結婚して間もなかった主人は問われるままに、「実は……」と私の病気のことを話したそうです。すると、小早川さんの奥さまが、「これを奥さんに読ませなさい。きっと元気になるから」と言って、『白鳩』という一冊の月刊誌を主人に下さったのです。

家に帰ってきた主人は、いただいた『白鳩』誌を私に見せてくれましたが、医学だけを信じていた私には、本を読んで病気が治るなんて迷信としか思えませんでした。

その後も主人は、小早川さんの家に行く度《たび》に、『白鳩』誌や他の生長の家の本をもら

ってきましたが、私は一冊も読もうとせず、

「岡崎の三河道場で練成会というのをやっているから、是非《ぜひ》行ってみては……」

と小早川さんが勧めて下さっても、〝そんなところへ行っても治るわけない〟と、行く気になれませんでした。そうして二、三年が過ぎて行ったのです。

病院に通っても、胃の薬と血圧を下げる薬をもらって服《の》むだけで、確実な治療法もなく、悪化すれば、人工透析《とうせき》に頼るしか生きる道はないと言われていました。主人の仕事を助けることもできず、主人が望んでいる子どもも産めず、〝別れてあげた方が主人は幸せになれるのでは？〟と、「離婚」の二文字が時々、脳裏《のうり》をよぎるようになりました。主人の方は別れる気持は露《つゆ》ほどもなかったようで、私の健康の回復も、子どもを授かることも諦めず、「今一度、立ち上がれる道があるなら」と、良い病院があると聞く度、そこへ私を連れて行ってくれました。けれども、手段を尽くしても、一向にはかばかしくならない私の身体を気づかううち、主人までがだんだん痩《や》せてきました。そして、光の見えない将来に、暗澹《あんたん》たる思いが広がって行くのでした。

笑顔でお客に接する、理容師の足達和子さん

〝こんな世界があったのか！〟

　ある日、小早川さんの息子さんがわが家へ来られました。警察官をしていた息子さんは大腸が悪くやせ細っておられたのですが、生長の家本部練成道場*の練成会に参加して癒《いや》され、血色もよく見違えるほど健康そうになって、太って帰って来られたのです。その姿を私に見せようと来られたのでした。驚いたのは主人です。

「そんなに良いところがあるなら、お前も是非行って来い。送って行く」

と強く勧めるのです。私は「(生長の家三河道場のある）岡崎くらい私一人で行ける」と延ばし延ばししていましたが、主人の説得に、外堀を埋められ逃られなくなって、とうとう気の進まないまま渋々《しぶしぶ》、三河道場に行きました。

　生長の家の教えは何も知らず参加した練成会でした。が、「人間・神の子」の真理に目覚めさせてくれる一つ一つの行事に、〝この世の中にこんな世界があったのか！〟と驚き、心を打たれました。中でも、半身不随やガンなど、私などよりもっと重い病気で参加した人たちが、日に日によくなって行く姿に、参加者全員が我がことのように喜び合った感動は大きく、自分の中にも他人のことでこんなにも喜べる気持があったのかと、〝魂の喜悦〟というものを生まれて初めて味わいました。

この時の感動は忘れられず、その後も時間の許すかぎり練成会に参加しました。聖使命会に入会し、自宅に比較的近い豊橋道場に通ってお話を聴かせていただくようになりました。また、練成会で先祖供養の大切さを学んでから、毎月、主人の家のお墓参りに、主人と一緒に行かせていただくようになりました。それは昭和四十九年、私が二十九歳の時でした。

母への恨《うら》み心が病となって

今は故人になられましたが、当時、地元白鳩会の総連会長で地方講師をなさっていた黒田キミヨ講師に、心の内を話し指導を受けるようになって、私の病気の原因がわかってきました。

私は五人兄姉の三女として生を享《う》けました。私の母は頭が良く努力家で何でもできる頑張り屋でしたが、それだけにプライドも高く、学歴も母より下で、〝仏さんみたいな人〟と人にも言われるほどやさしいお人好しの父のことをバカにしていました。子ども達にいつも父の悪口を聞かせ、父のことで愚痴《ぐち》ばかり言う母を嫌いで、〝だったら、どうして結婚したの〟と心の中で批判していました。

家の中の机の引き出しには、母の賞状や勉強して取得した免許証などが沢山入っていました。兄姉の中でも能力のある者だけ目をかけ、私のことなど期待もしてくれず、心に留めてもらってさえいないと思いこんでいた私は、〝何で私を生んだの。私なんか生まれてこなければよかった〟と否定的な想《おも》いにとらわれていました。そのくせ、幼いときから母の顔色ばかり窺《うかが》って、嫌われないように、どうしたら母に好かれるかと、そんなことばかりに気を遣《つか》って、要領の良い、本心を出せない自分をも嫌いになっていました。親に感謝せず、長年こらえて、気持を押し殺して生きてきた、積もりに積もった悲しみの思いが、腎臓病として私の身体に現れていたのです。

黒田講師に「あなたがお母さんを選んで生まれてきたのですよ」と言われ、母を恨んできた自分の間違いに気がつきました。母あってこその今の私、と思いを変えていくうちに、私を生み育ててくれた母の愛情が偲《しの》ばれて、母に感謝できるようになりました。

それに伴《ともな》って身体の調子もよくなっていきました。練成会に参加するまでは、秤《はかり》で計って摂《と》っていたような食事制限もやめ、〝感謝して食べれば大丈夫〟という安心感が生じてきて、自然に暮らしていけるようになりました。

三十五歳の初産

昭和五十四年四月、借金をして念願の家を建て現在の店をオープンしました。私の中では〝大好きな生長の家のご本を読み、お話を聴いて、信仰を続けながら夫婦で店をやっていけば、やがて借金も返せて呑気《のんき》に暮らせる日が来る〟と、青写真はでき上がっていましたが、主人は子どもを持つ希望を捨てきれないでいるようでした。私の方は、生長の家の教えを学んでいたものの、まだ腎臓病が完治していず、医師から「子どもを産んだら母体の方が危ない」と言われていましたので、子どもを産むことは死を意味することと諦めていました。黒田講師に相談すると、講師は、

「あなたは三十何年生きてきた。ここでご主人のために新しい生命を産み出して、それでもしあなたの肉体生命が終わることになったとしても、いいじゃないの？」

と言われました。自分だけは生きたい、店を持ったときの借金もある、とても子どもは産めない、ここで楽に、呑気にこのままの生活が続けられたら……という、主人の気持を後回しにした私の思いが、どんなに自分本位で我儘《わがまま》な考えであったか！　それに気づいた時、初めて〝申し訳なかった〟と主人に懺悔《ざんげ》しました。そして主人への感謝の心が湧いてきて、〝子どもを産もう〟と決心しました。そうするとすぐ妊娠しました。翌五十七年一月のことです。主人の喜びようは大変なものでした。

腎臓病のカルテを持って産科の診察を受ける私に、医師は「高齢だし、普通に産めるかどうかわからない」と言われました。けれども「私はどうなってもいいから産ませて下さい」と頼み、医師も「よし、わかった」と引き受けて下さいました。

早速、生長の家総本山*に神癒祈願《しんゆきがん》（神による速《すみ》やかな癒しを祈願すること）をお願いし、主人も腹帯に「人間・神の子、完全円満　唯感謝」と書いてくれました。私はそれを身につけ、お腹《なか》をなでては「あなたのお父さんはすばらしいよ。お父さんが待っているからね」と、お腹の子どもに話しかけました。

診察の度に医師が「元気な赤ちゃんだ。どうなっているんだ、まったく、足達さんのお腹の中を見てみたいよ」と言われるくらい、お腹の子どもは順調に育っていました。妊娠後、九十パーセント腎臓の機能は回復しました。奇跡的なことでした。〝生命を宿し、産み出すということはすごい〟と実感しました。

その年の十一月四日、予定日より早く普通分娩で無事女の子を出産いたしました。私は前日まで店で立って仕事をしていました。三十五歳の初産でした。

姉妹手を取り合って

その時生まれた娘も現在高校一年生になり、愛知県教化部で催される青少年練成会が大好きで、生長の家講習会にも友達を誘って参加してくれるほどよい子に育っています。

平成元年、お世話になった黒田講師が亡くなられ、一時ガックリしていましたが、白鳩会愛知教区連合会の神田浩子副会長に「ここらで恩返しだよ」と励まされて、平成四年に白鳩会支部長を拝命しました。私と同じように母を恨み病弱だった姉にも、生長の家の教えを伝えることができました。今では姉も講習会で体験発表をさせていただいたり、白鳩会の地区連会長*のお役を引き受けたりして、頑張っています。

「生長の家を知らされていなかったら、親を恨み、世間を恨んで、今頃はもう私たち死んでいたかもわからないね」

と、姉とよく話します。すっかり健康になり、姉妹一緒に生長の家の真理を学べ、白鳩会のお役に立たせていただけることが何より嬉しく思います。店に来られるお客さまの散髪をしながら私の体験を話し、生長の家の月刊誌を差し上げてみ教えをお伝えできる今の境涯に、とても感謝しています。

（平成十年十月号　撮影／中橋博文）

＊生長の家本部練成道場＝巻末の「生長の家練成会案内」を参照。
＊総連会長＝各教区の地区総連合会の長。
＊生長の家総本山＝巻末の「生長の家練成会案内」を参照。
＊地区連会長＝各教区の地区連合会の長。

恨んでいた両親に感謝できたとき、運命が好転した

岩手県花巻市　川村礼子《かわむられいこ》（69歳）

主人・誠司《せいし》は、七十二歳の今もタクシーの運転手として働いています。主人の同級生の中でも、現役でいるのは主人ただ一人で、本当に有り難いことです。

主人は昔から相撲が好きで、地元の小学校でボランティア仲間と小学生に相撲の指導をしています。主人は負けた子供に対しても良い点をほめる生長の家式の指導をしているので、子供たちはそれぞれ力を伸ばし、父母にも大変喜ばれています。一緒に練習を見に行く私も、小学校の先生に、「どんなに小さいことでも、生徒の良い点を認めてほめてあげてください」とお話したところ、先生がわが家を訪ねて来られて「ばあちゃんに言われたことをやったら、まず父母に喜ばれた」と嬉しそうに話してくれました。

一昨年は主人が指導しているチームが東北大会で団体戦優勝を飾りました。これまで何度も全国大会へ進み、夫婦で地元の方たちと、東京・両国の国技館へ応援に行っています。強い選手が育つことはもちろん、主人と喜びを分ち合えるのが何よりの喜びです。

わが家は舅《しゅうと》、私たち夫婦、長男夫婦、孫夫婦とその二人の子供たち、それに社会人になったばかりの孫の、五世代十人でにぎやかに暮らしています。九十三歳の舅は介護が必要となりましたが、頭ははっきりしています。家族みんなが健康で、今、とても幸せでいられるのは、生長の家にご縁をいただいたお蔭《かげ》と心から感謝しています。

私は花巻市で育ち、昭和二十五年、十六歳のときに、十九歳の主人と結婚しました。中学を卒業した年の秋に親の間で話がまとまり、翌年の春に結婚。親の命令は絶対だった時代のことです。進学など色々と思いもありましたが、話を「はい」と受けました。

嫁は労働力

川村家は近所でも大きい農家で、田圃《たんぼ》は実家の三倍近くの二町三反（約二百三十アー

「生長の家で、両親に感謝、先祖に感謝することの大切さを教えられたからこそ、今日のわが家の幸せがあると有り難く思っています」と川村礼子さん

ル）もありました。
当時、農業は苗作りから田植え、草取り、稲刈り、脱穀、何もかも手作業で行われていました。人手が多ければそれだけ豊かになるのですから、早くに嫁をもらい、家の労働力を増やすのは当たり前のことでした。私は小柄な方で、実家では子守りや落ち穂拾いを手伝うくらいで、力仕事は何一つしたことがありませんでした。それが嫁いだ途端、毎日、夜明けから日暮れまで、家族に混じって慣れない肉体労働をするのですから、辛《つら》くてたまりませんでした。

また、田圃仕事で疲れていようとも、嫁は家に帰ってからも働かねばなりません。舅姑と主人の下に四人のきょうだいがおり、九人分の食事作りは私の仕事でした。今のようにガスはなく、カマドで支度《したく》するのは手間も時間もかかりました。

そんな中でも、根が楽天家の私は、家族が仲良くすればいいんだと耐えてきました。

昭和二十七年に長男、三十年に長女を授かりました。

長男の病気

生長の家とご縁を結ばせて頂いたのは、今から三十年前になります。長男は明るく活発な性格で、宮澤賢治が教えた学校として知られる花巻農業高校を卒業して地元の農協に勤め始めていました。それが、十九歳の秋、突然身体の不調を訴えたのでした。

息子の入院手続きを済ませた帰り途、私の姉の家に寄ると、生長の家の話をぜひ聞くようにと勧められました。家族の協力を得ようと、私は姑と主人の妹に頭を下げ、三人で出掛けていきました。話の内容は、「両親に感謝、先祖に感謝、どんなことが起こってもただ感謝あるのみ」というものでした。私は「感謝どころか、この世に生まれてこなかったら長男の問題も、今までの苦労もなかった」と思って聞いていました。

けれど、「子供の病気は親が変われば治る」と言った高橋マサ講師の言葉が頭から離れず、次の日、姑に頼み込んで、一人で高橋講師のお宅へと出掛けたのです。穏やかな表情の高橋講師の顔をみると、なぜか、もう大丈夫だと安心しました。

講師は、「子孫が栄えるには先祖を供養することが大切だ」と話され、先祖供養のやり方を教えてくださいました。さらに『甘露の法雨』は現代語に分かりやすく書かれたお経だと説明してくださいました。二十一日間、家の仏壇で『甘露の法雨』を誦《あ》げ、その後、「どうぞ真理を覚《さと》り、一切の迷いなく一層高き霊位におつき下さい」と念ずるようにと指導されました。

私は嫁いできてから活字を読む暇などなかったので、三日間は声を出して字を追うのが精一杯でした。ふと、仏前で読むからには先祖様に対して良い言葉が書かれているのだろうと思い、四日目からゆっくり意味を理解しながら読み進めると、まず「神に感謝しても父母《ちちはは》に感謝し得ない者は神の心にかなわぬ」というお経本の冒頭に載っている神示に、ギクッとしました。私は十六歳で、五人きょうだいの長男の嫁に来てからというもの、この辛い生活を強《し》いた父親を恨《うら》んでいました。私の力になり、慰めてくれる筈《はず》の母親は、二歳の私を置いてこの世を去っていました。

さらに「汝《なんじ》の夫又は妻に感謝せよ。汝の子に感謝せよ。（略）一切の人々に感謝せよ」の文章に引きつけられました。私は感謝どころか、不満の毎日を送っていたのでした。「私が悪かった」と思って、泣けて泣けて仕方がありませんでした。あの人、この人の顔が浮かび、涙ながらに懺悔《ざんげ》しました。

翌朝、台所で姑に「よく今日までおれのような我儘《わがまま》な嫁を置いてくれたことに感謝します。これからもよろしくお願いします」と涙ながらに頼みました。姑は、今さらそんなことを言わなくてもと不思議そうにしていました。

その二日後、不思議な体験をしました。その日、午前中から夕方まで草取りをしていたのにもかかわらず、腰がちっとも痛くないのです。十八年間も悩まされていた重い腰痛が消えてしまったのです。それからは一心になって、二十一日間の先祖供養を終わらせて頂きました。

息子の身体の調子もよくなったので、十二月に仮退院をさせてもらい、お金をかき集め、東京の本部練成道場の練成会を二人で受けることにしました。翌月の成人式に、息子を同級生と参加させてやりたいと私は真剣でした。

練成会中は、長年恨んでいた両親のことが頭に浮かんできました。

父は農業のかたわら代用教員もしていた責任感の強い厳しい人でした。「今日なしうることは明日に延ばすことなかれ」が口癖で、私の約束を守る性格は、父によってつくられました。人様に信用して頂けるのも父の教育のお蔭だったと、その時になって父に対する感謝の思いが込み上げてきました。また、私の結婚式には父が手ずから御馳走を作って祝ってくれたことも思い出されました。

私が二歳のときに亡くなった母に対しても、幼い私をどんなに心に懸《か》けて死んでいったのかと思うと、恨んでいたことがただ申し訳なく、涙がこぼれました。私が長男を忌うのと同じくらい、私は両親に愛されていたと気づくと、両親に対して深い懺悔から喜びへ、感謝へと胸がいっぱいになりました。そして、「長男の病気は消えた」との確信をもって、息子と花巻に帰りました。院長は「退院させられない」とおっしゃいましたが、「だめでしたら、その時はお世話になります」とお願いして退院しました。息子は再び元気に出勤し始め、以来、健康そのものです。

欠点を見ず、良いところだけを見て

その後、私は生長の家の教えを深め、生活は好転して行きました。それはとりもなおさず、家族の欠点を見るのではなく、良いところをみて暮らしていくことに尽きます。

息子は昭和四十九年に結婚し、翌年に長男、五年後に長女が生まれました。家業は早くから息子に渡していましたので、息子が家の増改築や事業に色々と新しいことを取り入れるなど、一所懸命にやってくれています。

一緒に生長の家の集まりに出掛けて教えを学んだ姑は昭和五十八年、霊界に旅立ちました。晩年は寝たきりになりましたが、本人の希望通り家で世話をさせて頂きました。私がつくる食事を「美味《おい》しい」と喜んでくれ、何をしても「ありがとう」と感謝してくれる姑でした。下《しも》の世話から、入浴まで世話をするのは、農業のかたわらに養豚もしていたので、楽ではありませんでしたが、姑を通して母親に出来なかった親孝行をさせて頂くつもりでいたので、不平に思ったことは一度もありませんでした。

今、舅の介護をさせて頂いているのも、何も分からない私を大きく包みこみ育てて下さったそのご恩に報いたいという思いからです。

生長の家で、両親に感謝、先祖に感謝することの大切さを教えられたからこそ、今日のわが家の幸せがあると有り難く思い、一人でも多くの方に生長の家の教えを伝えたい。み教えを響かせたいと夢を描きつつ、毎日を送っている私です。

（平成十五年一月号　撮影／原　繁）

教化部名	所　在　地	電話番号	FAX番号
静岡県	〒432-8011　浜松市城北2-8-14	053-471-7193	053-471-7195
愛知県	〒460-0011　名古屋市中区大須4-15-53	052-262-7761	052-262-7751
岐阜県	〒500-8824　岐阜市北八ッ寺町1	058-265-7131	058-267-1151
三重県	〒514-0034　津市南丸之内9-15	059-224-1177	059-224-0933
滋賀県	〒527-0034　東近江市沖野1-4-28	0748-22-1388	0748-24-2141
京　都	〒606-8332　京都市左京区岡崎東天王町31	075-761-1313	075-761-3276
両丹道場	〒625-0081　京都府舞鶴市北吸497	0773-62-1443	0773-63-7861
奈良県	〒639-1016　大和郡山市城南町2-35	0743-53-0518	0743-54-5210
大　阪	〒543-0001　大阪市天王寺区上本町5-6-15	06-6761-2906	06-6768-6385
和歌山県	〒641-0051　和歌山市西高松1-3-5	073-436-7220	073-436-7267
兵庫県	〒650-0016　神戸市中央区橘通2-3-15	078-341-3921	078-371-5688
岡山県	〒703-8256　岡山市浜1-14-6	086-272-3281	086-273-3581
広島県	〒732-0057　広島市東区二葉の里2-6-27	082-264-1366	082-263-5396
鳥取県	〒682-0022　倉吉市上井町1-251	0858-26-2477	0858-26-6919
島根県	〒693-0004　出雲市渡橋町542-12	0853-22-5331	0853-23-3107
山口県	〒754-1252　吉敷郡阿知須町字大平山1134	0836-65-5969	0836-65-5954
香川県	〒761-0104　高松市高松町1557-34	087-841-1241	087-843-3891
愛媛県	〒791-1112　松山市南高井町1744-1	089-976-2131	089-976-4188
徳島県	〒770-8072　徳島市八万町中津浦229-1	088-625-2611	088-625-2606
高知県	〒780-0862　高知市鷹匠町2-1-2	088-822-4178	088-822-4143
福岡県	〒818-0105　太宰府市都府楼南5-1-1	092-921-1414	092-921-1523
大分県	〒870-0047　大分市中島西1-8-18	097-534-4896	097-534-6347
佐賀県	〒840-0811　佐賀市大財4-5-6	0952-23-7358	0952-23-7505
長　崎	〒852-8017　長崎市岩見町8-1	095-862-1150	095-862-0054
佐世保	〒857-0027　長崎県佐世保市谷郷町12-21	0956-22-6474	0956-22-4758
熊本県	〒860-0032　熊本市万町2-30	096-353-5853	096-354-7050
宮崎県	〒889-2162　宮崎市青島1-8-5	0985-65-2150	0985-55-4930
鹿児島県	〒892-0846　鹿児島市加治屋町2-2	099-224-4088	099-224-4089
沖縄県	〒900-0012　那覇市泊1-11-4	098-867-3531	098-867-6812

●生長の家教化部一覧

教化部名	所　在　地	電話番号	FAX番号
札　幌	〒063-0829　札幌市西区発寒9条12-1-1	011-662-3911	011-662-3912
小　樽	〒047-0033　小樽市富岡2-10-25	0134-34-1717	0134-34-1550
室　蘭	〒050-0082　室蘭市寿町2-15-4	0143-46-3013	0143-43-0496
函　館	〒040-0033　函館市千歳町19-3	0138-22-7171	0138-22-4451
旭　川	〒070-0810　旭川市本町1-2518-1	0166-51-2352	0166-53-1215
空　知	〒073-0031　滝川市栄町4-8-2	0125-24-6282	0125-22-7752
釧　路	〒085-0832　釧路市富士見3-11-24	0154-44-2521	0154-44-2523
北　見	〒099-0878　北見市東相内町584-4	0157-36-0293	0157-36-0295
帯　広	〒080-0802　帯広市東2条南27-1-20	0155-24-7533	0155-24-7544
青森県	〒030-0812　青森市堤町2-6-13	017-734-1680	017-723-4148
秋田県	〒010-0023　秋田市楢山本町2-18	018-834-3255	018-834-3383
岩手県	〒020-0066　盛岡市上田1-14-1	019-654-7381	019-623-3715
山形県	〒990-0021　山形市小白川町5-29-1	023-641-5191	023-641-5148
宮城県	〒981-1105　仙台市太白区西中田5-17-53	022-242-5421	022-242-5429
福島県	〒963-8006　郡山市赤木町11-6	024-922-2767	024-938-3416
茨城県	〒312-0031　ひたちなか市後台字片岡421-2	029-273-2446	029-273-2429
栃木県	〒321-0933　宇都宮市簗瀬町字桶内159-3	028-633-7976	028-633-7999
群馬県	〒370-0801　高崎市上並榎町455-1	027-361-2772	027-363-9267
埼玉県	〒336-0923　さいたま市緑区大間木字会ノ谷483-1	048-874-5477	048-874-7441
千葉県	〒260-0032　千葉市中央区登戸3-1-31	043-241-0843	043-246-9327
神奈川県	〒246-0031　横浜市瀬谷区瀬谷3-9-1	045-301-2901	045-303-6695
東京第一	〒112-0012　文京区大塚5-31-12	03-5319-4051	03-5319-4061
東京第二	〒183-0042　府中市武蔵台3-4-1	042-574-0641	042-574-0642
山梨県	〒406-0032　笛吹市石和町四日市場1592-3	055-262-9601	055-262-9605
長野県	〒390-0862　松本市宮渕3-7-35	0263-34-2627	0263-34-2626
長　岡	〒940-0853　新潟県長岡市中沢3-364-1	0258-32-8388	0258-32-7674
新　潟	〒951-8133　新潟市川岸町3-17-30	025-231-3161	025-231-3164
富山県	〒930-0103　富山市北代6888-1	076-434-2667	076-434-1943
石川県	〒920-0022　金沢市北安江1-5-12	076-223-5421	076-224-0865
福井県	〒918-8057　福井市加茂河原1-5-10	0776-35-1555	0776-35-4895

●生長の家練成会案内

総本山……長崎県西海市西彼町喰場郷1567　☎0959-27-1155

　＊龍宮住吉本宮練成会……毎月１日〜７日（１月を除く）

　＊龍宮住吉本宮境内地献労練成会……毎月７日〜10日（５月を除く）

本部練成道場……東京都調布市飛田給2-3-1　☎0424-84-1122

　＊一般練成会……毎月１日〜10日

　＊短期練成会……毎月第三週の木〜日曜日

　＊光明実践練成会……毎月第二週の金〜日曜日

　＊経営トップセミナー、能力開発セミナー……（問い合わせのこと）

宇治別格本山……京都府宇治市宇治塔の川32　☎0774-21-2151

　＊一般練成会……毎月10日〜20日

　＊神の子を自覚する練成会……毎月月末日〜５日

　＊伝道実践者養成練成会……毎月20日〜22日（11月を除く）

　＊能力開発研修会……（問い合わせのこと）

富士河口湖練成道場……山梨県南都留郡富士河口湖町船津5088　☎0555-72-1207

　＊一般練成会……毎月10日〜20日

　＊短期練成会……毎月月末日〜３日

　＊能力開発繁栄研修会……（問い合わせのこと）

ゆには練成道場……福岡県太宰府市都府楼南5-1-1　☎092-921-1417

　＊一般練成会……毎月13日〜20日

　＊短期練成会……毎月25日〜27日（12月を除く）

松陰練成道場……山口県吉敷郡阿知須町大平山1134　☎0836-65-2195

　＊一般練成会……毎月15日〜21日

　＊伝道実践者養成練成会……（問い合わせのこと）

○奉納金・持参品・日程変更等、詳細は各道場へお問い合わせください。

○各教区でも練成会が開催されています。詳しくは各教化部にお問い合わせください。

○海外は「北米練成道場」「ハワイ練成道場」「南米練成道場」等があります。

生長の家本部　〒150-8672　東京都渋谷区神宮前1-23-30　☎03-3401-0131　FAX03-3401-3596